VENTE APRÈS DÉCÈS

OBJETS

D'AMEUBLEMENT ET DE CURIOSITÉ

PROVENANT

De la Succession de Madame Veuve B***

HOTEL DROUOT, SALLE N° 1

Les Mercredi 3, Jeudi 4, Vendredi 5 et Samedi 6 Février 1886

A DEUX HEURES

EXPOSITIONS

PARTICULIÈRE	PUBLIQUE
Le Samedi 30 Janvier	Le Dimanche 31 Janvier

DE UNE HEURE ET DEMIE A CINQ HEURES

Me GUÉLON-DUBREUIL	M. Émile VAN HOESERLANDE
COMMISSAIRE-PRISEUR	EXPERT
boulevard de Sébastopol, 3	rue Taitbout, 34

PARIS — 1886

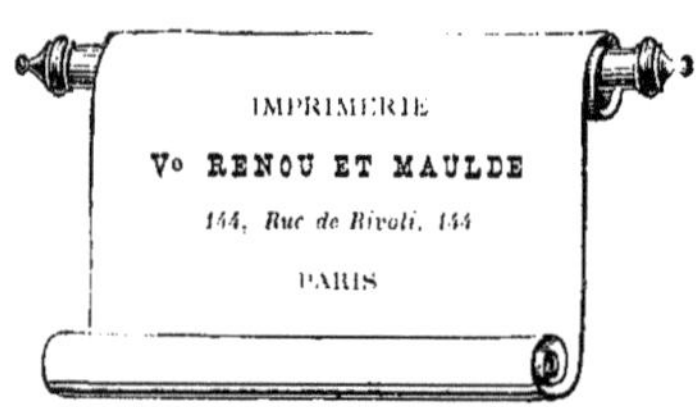

IMPRIMERIE
Vᵒ RENOU ET MAULDE
144, Rue de Rivoli, 144
PARIS

CATALOGUE

D'UN BEAU

MOBILIER

AMEUBLEMENTS D'ANTICHAMBRE
SALONS, SALLES A MANGER, CHAMBRES A COUCHER
En Chêne sculpté, Bois doré, Bois noir, Palissandre
et Marqueterie

BRONZES D'ART ET D'AMEUBLEMENT

ANCIENS ET MODERNES

PORCELAINES

Montées et non montées

DE CHINE, DE L'INDE, DE SAXE, DE SÈVRES, etc.

MEUBLES ANCIENS ET DE STYLE

BEAUX PANNEAUX EN TAPISSERIE D'AUBUSSON

Tentures, Rideaux, Tapis, Batterie de cuisine

PROVENANT

De la Succession de Madame Veuve B***

DONT LA VENTE AURA LIEU

HOTEL DROUOT, SALLE N° 1

Les Mercredi 3, Jeudi 4, Vendredi 5 et Samedi 6 Février 1886

A DEUX HEURES

Par le ministère de Me **GUÉLON-DUBREUIL**, Commissaire-Priseur,
boulevard de Sébastopol, 3.
Assisté de **M. EMILE VAN HOESERLANDE**, Expert, rue Taitbout, 34,
CHEZ LESQUELS SE DISTRIBUE LE PRÉSENT CATALOGUE.

EXPOSITIONS

PARTICULIÈRE	PUBLIQUE
Le Samedi 30 Janvier	Le Dimanche 31 Janvier

DE UNE HEURE ET DEMIE A CINQ HEURES

PARIS — 1886

CONDITIONS DE LA VENTE

———

Elle sera faite très expressément au comptant.

Les Acquéreurs paieront, en sus des adjudications, CINQ CENTIMES PAR FRANC, applicables aux frais.

Les Expositions mettant le Public à même de se rendre compte de l'état des Objets, aucune réclamation ne sera admise après l'adjudication prononcée.

~~~~~~~~~~

ORDRE DES VACATIONS

———

Le Mercredi 3 Février

Porcelaines, Faïences, Biscuits, Marbres.

Le Jeudi 4 Février

Suite des Porcelaines et Bronzes.

Le Vendredi 5 Février

Suite des Bronzes et commencement du Mobilier.

Le Samedi 6 Février

Suite du Mobilier, Meubles courants, Tapisseries et Tentures.
~~~~~~~~~~

DÉSIGNATION

BRONZES

1 — Deux Appliques à cinq lumières en bronze ciselé
et doré, genre rocaille.

2 — Belle Garniture de cheminée sortant de la maison
Denière, en bronze doré au mat et bruni et
finement ciselé, composée d'une Pendule surmontée d'Amours se disputant une guirlande
de fleurs et de deux Candélabres à huit
lumières supportées par des Amours tenant
une guirlande de fleurs.

3 — Deux Flambeaux en bronze doré « Enfants supportant une corbeille de fleurs », sur socle en
marbre blanc, style Louis XVI.

4 — Galerie de foyer en bronze doré, style Louis XV,
modèle à volutes supportant des enfants.

5 — Petite Statuette en bronze « Amour aux yeux
bandés » sur terrasse en bronze doré, style
Louis XVI.

6 — Deux Appliques à dix lumières, en bronze doré, style Louis XV.

7 — Encrier, forme coquille, patine brunie, couvercle à sujet de chasse.

8 — Coffret à bijoux en bronze doré, garni de plaques, style Renaissance.

9 — Support en bronze doré et ciselé, modèle à dauphins.

10 — Paire de Candélabres à huit lumières, ornés de cristaux, style Louis XIV.

11 — Paire de Flambeaux nickelés, formés de statuettes supportant une urne.

12 — Petit Lustre en bronze doré, style Louis XIV, garni de fleurettes en porcelaine de Saxe.

13 — Encrier de forme circulaire, en bronze doré, à couvercle surmonté d'une statuette, garni au pourtour de petits sujets italiens; il est supporté par quatre Sirènes se redressant sur un plateau en bronze, de forme octogone, décoré également de petits sujets.

14 — Petite Galerie de foyer en bronze, style Louis XVI, modèle à urnes et guirlandes.

15 — Petite Suspension à neuf lumières, garnie d'une coupe en porcelaine de l'Inde, formant jardinière.

16 — Vase en bronze, forme cratère, anses à torsades, panse ornée de mascarons en relief.

17 — Belle Pendule en bronze doré finement ciselé, à
sujet « Psychée couronnant l'Amour », et deux
Candélabres à six lumières, surmontés de statuettes.

18 — Jolie paire de Flambeaux Louis XVI, finement
ciselés et dorés.

19 — Galerie de Foyer en bronze doré, modèle à urnes
et têtes de béliers réunies par des guirlandes,
style Louis XVI.

20 — Belle Suspension de salle à manger en bronze,
garnie de trois porte-lampes et à dix-huit
lumières.

21 — Bougeoir forme tulipe, garni de branchages et
de fleurettes en porcelaine de Saxe.

22 — Petit Cartel en bronze doré, style Louis XV.

23 — Paire de Flambeaux en bronze, Nègre et Négresse
supportant une urne.

24 — Deux petits Bustes en bronze, patine brune,
« Jean qui rit et Jean qui pleure », signés J.
Amand.

25 — Pendule en bronze finement ciselé et doré,
ornée d'une frise et de statuettes représentant
les Sciences.

26 — Deux Candélabres à six lumières, en bronze doré
et marbre blanc.

27 — Deux Flambeaux en bronze ciselé.

28 — Deux Chenets en bronze, style Louis XV, modèle
à volutes et petits sujets.

29 — Petite Pendule en bronze doré sur socle en marbre blanc. Episode de la Révolution.

30 — Galerie de Foyer en bronze, modèle à volutes, style Louis XV.

31 — Petite Pendule en bronze doré, ornée d'un sujet « la Fidélité ».

32 — Petit Lustre à cinq lumières, en bronze garni de cristaux.

33 — Lustre à douze lumières, en bronze doré, orné de palmettes et garni de plaquettes et d'olives en cristal taillé. Époque Empire.

34 — Jolie petite Pendule Louis XVI, en bronze doré et finement ciselé. Le mouvement est posé sur un cheval conduit par un Amour tenant une torche ; la terrasse est couverte de troncs à feuilles de chêne.

35 — Deux Flambeaux en bronze, époque Louis XVI, en forme de balustres.

PORCELAINES MONTÉES

36 — Paire de Lampes, décorées de médaillons à sujets et fleurs, fond bleu.

37 — Paire de Vases, forme aiguière, à fleurettes en relief sur fond brun, monture en bronze style Louis XV.

38 — Deux Statuettes formant pendants, « la Collation », sur socles en bronze, genre rocaille.

39 — Deux Vases avec couvercles, en forme de cassolettes, décor à médaillons, ornés de têtes de
béliers tenant des anneaux mobiles, monture
en bronze doré, style Louis XVI.

40 — Paire de Vases en forme de manchons, fond bleu
turquoise, ornés de sujets d'intérieur et de
fleurs et garnis de guirlandes de fleurs et de
mascarons, en bronze.

41 — Paire de Vases, de forme cylindrique, à médaillons, garnis d'anses à têtes de béliers, style
Louis XVI.

42 — Beau Guéridon, orné d'une plaque centrale en
porcelaine décorée, représentant Marie-Antoinette à Trianon ; le pourtour est garni de
plaques à personnages ; il est posé sur un pied
garni de bronze ciselé et doré.

43 — Beau Lustre en bronze à vingt-quatre lumières
formées de fleurs et garni de manchons en porcelaine fond bleu turquoise, décorée de cou-
ronnes de fleurs et de rubans.

44 — Jardinière, de forme ovale, en porcelaine de
Sèvres, décorée de sujets mythologiques, monture en bronze doré et ciselé.

45 — Paire de Vases, de forme évasée, décorés au
pourtour de sujets de chasse, monture en
bronze doré.

46 — Paire de petits Vases, style Louis XVI, en porcelaine de Sèvres, fond rose, en forme de brûle-
parfum, à couvercles ajourés, décorés de petits
sujets signés Grisée.

47 — Deux petites Jardinières de forme lobée en porcelaine de Sèvres, à petits médaillons garnis de
bouquets de fleurs, monture en bronze doré.

48 — Coupe en porcelaine de Sèvres, fond bleu turquoise, décorée de petits sujets pastoraux et
de fleurs, monture en bronze doré à anses
grecques.

49 — Coupe en porcelaine de Sèvres, de forme ovale,
monture en bois sculpté et doré.

50 — Guéridon en porcelaine de Sèvres, fond bleu turquoise, décoré au centre d'un portrait de
Louis XVI encadré de plaques en même porcelaine représentant des portraits de femmes
célèbres; monté sur pied en bronze doré.

51 — Jardinière formée d'une soupière et de son couvercle en porcelaine de Saxe, montée sur pied
en bronze doré, style Louis XVI.

52 — Jolie petite Garniture de cheminée en bronze
style Louis XV, composée d'une Pendule garnie
de fleurettes et d'un sujet « La Toilette », en
porcelaine de Saxe et de deux petits Candélabres à trois lumières garnies de fleurettes et
de statuettes en même porcelaine.

53 — Support en bois laqué et porcelaine, décor
japonais.

54 — Coupe ovale en porcelaine, décorée au centre d'un
sujet « la Partie de Cartes », monture en
bronze doré.

55 — Paire de Vases, style Louis XVI, en porcelaine
fond bleu, décorés au pourtour d'un sujet « la
Chasse au sanglier », signé Grisée, et ornés
d'anses à mascarons; socles en bronze.

56 — Paire de Vases de forme ovoïde, en porcelaine
de Sèvres fond bleu, enrichis d'émaux et de
sujets guerriers signés Morin, garnis de mas
carons en relief.

57 — Corbeille à fleurs de forme oblongue, en porcelaine fond bleu turquoise, décorée d'un sujet
allégorique « le Printemps » et de fleurs; monture à anses et guirlandes en bronze doré.

58 — Paire de Vases en porcelaine, décorés de sujets
signés Boucher, monture en bronze doré,
style Louis XVI.

59 — Deux Vases élevés sur pied, décorés de sujets
d'après Watteau, et de paysages.

60 — Deux Flambeaux à médaillons décorés d'amours,
monture en bronze doré.

61 — Deux petites Jardinières de forme rectangulaire,
décorées sur leurs faces de petits sujets et
ornées de fleurs de lys en relief.

62 — Petite Potiche en ancienne porcelaine de Chine,
décorée de branchages et de fleurs, monture en
bronze.

63 — Deux Vases forme aiguière, fond bleu turquoise,
ornés de sujets dans la manière de Watteau,
monture en bronze doré.

64 — Deux petites Coupes en porcelaine de Sèvres,
décorées de guirlandes de roses et de rosaces
dorées sur fond bleu.

PORCELAINES, BISCUITS ET FAIENCES

65 — **Sèvres.** Écuelle avec couvercle et plateau à petites roses cerclées d'or.

66 — **Sèvres.** Écuelle analogue, à petites roses et pointillés d'or, couvercle à branchage en haut relief.

67 — **Sèvres.** Tasse trembleuse à sujets en camaïeu, couvercle à bouton en relief et filets dorés.

68 — **Chine.** Six Assiettes décorées au centre de sujets d'intérieur, marli à médaillons en réserve peints en camaïeu.

69 — **Chine.** Trois autres Assiettes analogues à filets en couleur.

70 — **Chine.** Huit autres Assiettes analogues, médaillons réservés à fleurettes.

71 — **Chine.** Quatre Assiettes creuses à corbeilles de fleurs et médaillons rehaussés d'or.

72 — **Inde.** Six Assiettes portant à leur centre des branchages supportant un perroquet.

73 — **Inde.** Dix Assiettes avec fleurs au centre.

74 — **Inde.** Six Assiettes décorées au centre d'un sujet : « la Pêche. »

75 — **Saxe.** Huit Assiettes ornées de sujets pastoraux, bords à ornements dorés.

76 — **Berlin.** Cinq Assiettes décorées au centre d'oiseaux perchés sur des branchages et d'insectes, bords ajourés rehaussés d'or et ornés de fleurettes en relief.

77 — Écuelle à anses et son plateau, décorés d'oiseaux.

78 — **Saxe.** Sucrier décoré de paysages et d'imbrications en bleu, couvercle à feuille en relief.

79 — **Saxe.** Sucrier, décor à fleurs, couvercle à bouton de rose en relief.

80 — **Berlin.** Deux Salières décorées d'oiseaux et supportant deux enfants se détachant en ronde bosse.

81 — **Sèvres.** Cinq Tasses et cinq Soucoupes, décor à fleurs polychromes, roses et filets dorés.

82 — **Sèvres.** Tasse à anse avec soucoupe, ornées de guirlandes et lambrequins dorés.

83 — **Ludwisburg.** Service composé d'une Cafetière, d'un Pot à crème, d'un Sucrier avec couvercle, d'un grand Bol, de cinq Tasses à café et de huit Tasses à thé avec Soucoupes. Décor à oiseaux perchés sur des branches et d'insectes, bords imitant l'osier.

84 — Une Théière, un Pot à crème, un grand Bol, une Soucoupe à sucre, quatre Tasses et six Soucoupes, décorés de paysages et de filets dorés.

85 — **Faïence italienne.** Plat creux dans un cadre doré représentant l'enlèvement d'Europe; marli à mascarons et fleurettes.

86 — Deux Statuettes en faïence émaillée de **E. Wood**, représentant les Arts.

87 — **Saxe.** Paire de Potiches décorées sur la panse de deux médaillons à sujets mythologiques, couvercles à sujets et armoiries en camaïeu, fond bleu fouetté.

88 — Paire de Vases en forme de cassolettes, garnis de mascarons séparés par des draperies en relief, style Louis XVI.

89 — Grande Tasse trembleuse ornée de sujets en réserve, fond jaune.

90 — **Saxe.** Joli Baguier orné de figurines en haut relief et de guirlandes de fleurs, à panse décorée de petits sujets ; le couvercle à armoiries et sujets pastoraux est surmonté d'un groupe d'enfants supportant une couronne.

91 — **Berlin.** Grand Vase, forme potiche, à sujets représentant la Musique et la Tragédie ; deux mufles de lions tenant des anneaux à feuilles de laurier forment les anses réunies par des guirlandes.

92 — **Chine.** Vase fond celadonné à panse craquelée.

93 — **Saxe.** Dix-huit petites Statuettes : Marchand de coco, Bergers, Bergères, etc.

94 — Paire de grands Vases à col évasé et doré, décorés sur la panse de guirlandes de fleurs, de rosaces et de fleurettes, et garnis d'anses formées de mufles de lions, sur socles en marbre.

95 — **Sèvres.** Deux petites Jardinières de forme évasée, décorées de sujets maritimes et de fleurs, fond bleu.

96 — **Saxe**. Pièce de milieu formée d'une Corbeille
ajourée, supportée par trois enfants enguirlan-
dés, debouts sur un socle circulaire garni de
fleurettes en relief.

97 — **Saxe**. Grand Cartel orné de sujets en ronde bosse ;
au-dessus du mouvement le Temps, au-des-
sous Neptune sur son char attelé de quatre
chevaux.

98 — **Saxe**. Deux Groupes, sujets allégoriques, sur socles à médaillon encadré.

99 — **Saxe**. Deux petites Consoles d'applique ajourées,
garnies de fleurettes et d'amours.

100 — **Chine**. Deux Vases en porcelaine, décor à manda-
rins et animaux fantastiques en relief.

101 — Deux Socles en terre émaillée et ajourés.

102 — **Saxe**. Porte-Bouquet forme d'un vase ajouré et
orné d'un groupe « les Vendangeurs ».

103 — **Saxe**. Paire de Vases en forme de cassolettes à
anses formées de fleurs et d'enfants se détachant en ronde bosse ; couvercles ajourés.

104 — **Saxe**. Petite Glace biseautée à chevalet, dans son
cadre à fleurs en relief, surmontée de deux
amours tenant une guirlande de fleurs.

105 — Petite Pendule en porcelaine fond bleu turquoise, surmontée d'un médaillon représentant
le portrait de Marie-Antoinette, décor à fleurs
en relief et filets dorés.

106 — Dix-neuf Statuettes en porcelaine d'Allemagne ;
Musiciens, Vendangeurs, Sujets allégoriques,
etc. **(Ce lot sera divisé.)**

107 — **Worcester.** Boîte à bijoux de forme lobée et à couvercle ornée de médaillons en réserve à oiseaux, fond bleu jaspé.

108 — **Saxe.** Deux Cachepots de forme cylindrique, fond bleu turquoise, décorés d'oiseaux et de filets dorés.

109 — **Palissy** (Genre de). Plat ovale à sujet mythologique.

110 — Dix-huit Assiettes à dessert, décorées au centre de fleurs, à bords ajourés ornés de médaillons à fleurs et filets dorés.

111 — Six autres Assiettes analogues à bouquets plus larges et filets fond brun.

112 — Trente Pièces en porcelaine et faïence modernes telles que : Tasses, Jardinières, Boîte à bijoux et autres. (Ce lot sera divisé.)

113 — Paire de petits Candélabres à trois lumières, en porcelaine de Saxe, Enfants tenant l'un un écureuil, l'autre une colombe.

114 — Deux Médaillons en biscuit, Napoléon Ier et Charles X, et une plaque en porcelaine, Henri IV, cadre en bois doré.

115 — Vase en porcelaine, décoré sur la panse de sujets enfantins, goulot à guirlandes en relief, fond vert.

116 — Ecuelle à anses avec Coupe et Plateau en porcelaine de Sèvres, décorée de guirlandes de roses et de rubans.

117 — Deux Groupes en biscuit, Femmes allongées sur une chaise longue, style Louis XVI.

118 — Deux Vases en porcelaine, décorés de sujets en camaïeu rose à anses, formées de figurines dorées.

119 — Trente-cinq pièces en porcelaine d'Allemagne, telles que Statuettes, Tasses, Soucoupes et autres. (Ce lot sera divisé.)

120 — Joli Groupe en biscuit, comprenant sept figurines et représentant le Bon Vieillard.

121 — Assiette en Wedgwood, décorée de sujets en relief sur fond bleu.

122 — Deux Vases en porcelaine, de forme évasée, décorés de sujets dans la manière de Téniers et d'ornements dorés sur fond rouge.

123 — Quatre Plaques rondes encadrées, décorées de paysages et de sujets d'après Wouwerman.

124 — Deux Vases à long col évasé, décorés de sujets et de fleurs à anses formées de feuilles et de branchages rehaussés d'or.

—

MEUBLES ET OBJETS MOBILIERS

125 — Deux Vases en simili-marbre, fond vert, sur socles octogones.

126 — Deux Torchères, formées de figurines de nègres, en bois sculpté, et rehaussées d'or.

127 — Table ovale à entrejambes et huit Chaises recouvertes en velours vert, en chêne sculpté, à colonnes torses.

128 — Trois Vasques en faïence émaillée de Minton, fond bleu, à deux anses formées de serpents se détachant en ronde bosse sur fond bleu.

129 — Jardinière ovale en faïence émaillée de Minton à bords festonnés, décorée de médaillons à sujets et d'anses formées de feuilles sur fond brun, montée sur pied en fer à quatre branches et entrejambes.

130 — Baromètre en bois sculpté et doré, orné de dauphins et d'un fronton à oiseaux.

131 — Petit Buffet à étagère, en chêne sculpté, s'ouvrant à deux battants, orné de mascarons et garni de deux tiroirs à têtes d'anges et de guirlandes. Travail en partie ancien.

132 — Petite Servante en chêne sculpté, reposant sur quatre colonnes torses.

133 — Huit Chaises en acajou sculpté, recouvertes de tapisserie à fleurs sur fond noir.

134 — Buffet de salle à manger en chêne sculpté, à deux corps et à quatre vantaux, orné d'un fronton, de statuettes et de mascarons, style du XVIIe siècle.

135 — Petite Table en chêne sculpté, à pieds tors et à entrejambes, ornée de mascarons.

136 — Bel Ameublement de salle à manger en noyer, thuya et filets noirs, composé d'un Buffet à deux corps formant crédence et à quatre vantaux, d'une Table forme guéridon, à rallonges et de douze Chaises recouvertes en maroquin fond vert capitonné et clouté.

137 — Deux Meubles de hauteur d'appui, à deux vantaux vitrés, garnis de bronze ciselé et doré, dessus en marbre noir, style Louis XVI.

138 — Cave à liqueurs en bois noir incrusté de filets de cuivre et de burgot garnie de quatre flacons et de douze petits Verres à pied en cristal taillé et doré.

139 — Servante, forme jardinière, en bois décoré de fleurs d'oiseaux et d'ornements dorés.

140 — Deux Consoles en bois sculpté et doré, à dessus de marbre blanc, style Louis XV.

141 — Console en bois sculpté et doré, ornée de feuillages, à dessus de marbre blanc, forme Louis XV.

142 — Deux Fauteuils confortables en bois sculpté et doré, recouverts de satinette fond noir, garnis de bandes de tapisserie à la main et de franges.

143 — Table de milieu en marqueterie de cuivre, ornée de mascarons, de cariatides et de filets en bronze doré.

144 — Meuble de salon en bois sculpté et doré, modèle à médaillon, recouvert de satin broché fond bleu, composé d'un Canapé, de six Fauteuils et de six Chaises.

145 — Deux paires de Rideaux en même étoffe avec Embrasses et Lambrequins.

146 — Deux petits Canapés en bois sculpté et doré recouverts de même étoffe.

147 — Ecran en bois sculpté et doré, style Louis XIV, garni en tapisserie.

148 — Deux Chaises volantes en bois doré, recouvertes en satin broché fond bleu.

149 — Trois grandes Glaces en bois sculpté, à fronton, guirlandes et ornements dorés, garnies de petites statuettes en porcelaine de Saxe et d'appliques en bronze, garnies de fleurettes en même porcelaine.

150 — Quatre Fauteuils en bois sculpté et doré, style Louis XV, recouverts de brocart.

151 — Deux autres Fauteuils, mêmes styles, à filets dorés, recouverts de satin broché, fond crème.

152 — Quatre Chaises volantes en bois doré, recouvertes de damas de soie jaune.

153 — Deux autres Chaises, recouvertes de soie brochée à fleurs sur fond grenat.

154 — Deux Chaises en bois doré, style Louis XV, recouvertes de tapisserie de Neuilly, représentant des fables de La Fontaine.

155 — Commode, style Louis XVI, en bois laqué, fond jaune, à sujets chinois, dessus en marbre.

156 — Deux petites Encoignures en marqueterie de bois et palissandre, ornées de bronze.

157 — Petite Table en bois sculpté et doré, style
Louis XIV, pieds à cariatides, réunis par une
entrejambes à urne, dessus velours vert.

158 — Canapé en bois doré, style Louis XVI, recouvert
de tapisserie à médaillons garnis de fleurs.

159 -- Meuble de hauteur d'appui à deux vantaux mar-
quetés, garni de mascarons et d'ornements avec
filets en bronze doré, dessus de marbre noir.

160 — Petit Guéridon en acajou, de forme circulaire, à
galerie et garnie de bronze, style Louis XVI.

161 — Petite Table à ouvrage Louis XVI en acajou et à
dessus de marbre blanc à galerie et garnie de
poignées en bronze et de filets de cuivre.

162 — Deux petites Servantes en marqueterie de bois,
garnies de bronze doré.

163 — Joli Tabouret en bois doré, genre bambou, recouvert de soie brochée.

164 — Deux Fauteuils, style Louis XV, à filets dorés,
recouverts de tapisserie de Neuilly, décor à
oiseaux et ramage.

165 — Quatre Fauteuils en acajou sculpté, bras termi-
nés par des têtes de lion dorées, recouverts de
tapisserie à personnages et oiseaux, époque
de l'Empire.

166 — Cinq Chaises légères en bois doré, recouvertes
de soie brochée à fleurs, fond vert.

167 — Grande Glace avec cadre en bois sculpté et doré,
surmontée d'un fronton à fond de glace, ornée
de coquilles et **guirlandes**.

168 — Deux petites Encoignures Louis XVI en acajou,
garnies de bronze et à dessus de marbre blanc.

169 — Petit Bureau de dame en acajou, style
Louis XVI, formant bibliothèque et garni de
deux tiroirs, à galerie et filets de cuivre en
bronze.

170 — Petite Table à ouvrage, de forme ovale, en marqueterie de bois, à dessus de marbre, à galerie
et ornements en bronze, style Louis XVI.

171 — Petite Étagère d'angle en bois laqué, fond rouge,
décor chinois.

172 — Bureau-Ministre en palissandre, à caisse et
tiroirs.

173 — Commode en marqueterie de bois, représentant
des ruines et garnie de bronze, époque
Louis XVI.

174 — Lit et Armoire à glace en palissandre, à ornements et colonnettes torses.

175 — Petit Meuble à hauteur d'appui, en palissandre,
à un vantail vitré et galerie.

176 — Petit Meuble à étagère en palissandre, à un
vantail.

177 — Quatre Fauteuils, de forme gondole, en palissandre, recouverts de damas de soie jaune.

178 — Un Canapé, deux paires de Rideaux de croisées,
deux Rideaux d'alcôve et un Dessus de lit en
damas de soie jaune.

179 — Petite Servante-Vide-Poche en thuya et bois
noir, garnie de filets de cuivre, dessus vitré.

180 — Quatre Fauteuils-Bergères Louis XV et un Canapé
recouverts en velours vert.

181 — Grande Banquette d'antichambre recouverte en
reps, fond vert.

182 — Belle Commode en bois rose et palissandre,
formant secrétaire, à deux vantaux, et garnie à
l'intérieur de tiroirs à l'anglaise et ornée d'une
psyché soutenue par deux étagères, à fond de
glace, dessus en marbre blanc.

183 — Belle Armoire à glace biseautée, en bois rose et
palissandre, surmontée d'un fronton.

184 — Ameublement de chambre à coucher composé
de : un Lit capitonné, un Ciel de lit garni de ses
rideaux et ses draperies, deux paires de Rideaux
de croisées ornés de draperie et deux paires de
Rideaux à godets flamands ; le tout en brocatelle
de soie fond bleu ciel.

185 — Deux Fauteuils et quatre Chaises en même étoffe,
capitonnés.

186 — Deux Chaises Chauffeuses en satin fond jaune,
capitonnées.

187 — Un petit Meuble à trois tiroirs en bois rose et
palissandre, garni de bronze et à dessus en
marqueterie de bois, style Louis XV.

188 — Autre petit Meuble analogue, orné de plaques de
Sèvres à oiseaux et de bronze, style Louis XVI.

189 — Petite Table ovale en bois noir, ornée d'un sujet peint, style Louis XV.

190 — Deux Chaises en bois sculpté et doré, style Louis XV, recouvertes d'étoffes de soie.

191 — Canapé Louis XVI recouvert de satin broché fond vert.

192 — Cabinet à deux corps en bois noir, garni de douze tiroirs et d'une niche centrale décorés de sujets peints.

193 — Glace en bois sculpté et doré, ornée d'un fronton et à côtés de glaces, style Louis XIV.

194 — Commode en bois rose, à dessus de marbre Sainte-Anne, garnie de bronze, époque Louis XVI.

195 — Grand Chiffonnier en bois rose, à dessus de marbre, époque Louis XVI.

MARBRES, CRISTAUX ET OBJETS DE CURIOSITÉ

196 — Petite Statuette d'enfant en marbre blanc.

197 — Statuette en marbre blanc, sujet d'après l'antique.

198 — Statuette en marbre blanc, Amour bandant son arc, socle en marbre bleu turquin.

199 — Petite Pendule Louis XVI en marbre blanc, garnie de bronze doré.

200 — Deux Verres en cristal de Bohême gravé.

201 — Petite Boîte à odeurs garnie de quatre flacons, et une Coupe en verre fond grenat.

202 — Deux Candélabres en cristal taillé et gravé, à cinq lumières et anses en bronze.

203 — Petite Boîte en porcelaine de Saxe offrant sur ses faces de petits sujets.

204 — Vase avec couvercle en argent, orné de turquoises, de camées et de pierres de couleur.

TAPISSERIES

205 — Grand Panneau en tapisserie d'Aubusson représentant le Retour de la Pêche.

H. 3^m25. L. 2^m95

206 — Autre Panneau en même tapisserie, sujet d'après Téniers.

H. 2^m50. L. 2^m50

207 — Petit Panneau en tapisserie à grands personnages.

208 — Grande Portière en tapisserie d'Aubusson.

209 — Plusieurs Tapis pour salons, salles à manger et chambres à coucher.

210 — Rideaux en reps; grands Rideaux de fenêtres.

211 — Meubles divers en acajou, palissandre et autres, Sièges divers.

212 — Bonne Batterie de cuisine, nombreux ustensiles de ménage.

Vve Renou et Maulde, imprimeurs de la Compagnie des Commissaires-Priseurs, rue de Rivoli, 144.   800—64669

www.ingramcontent.com/pod-product-compliance
Ingram Content Group UK Ltd.
Pitfield, Milton Keynes, MK11 3LW, UK
UKHW022338170726
13837UKWH00005BA/2310